AF525184

Vom Flaniern und Weltspaziern

- Kinder- und Jugendbuchpreis der Stadt Wien | Preisbuch, 2019
- Beste 7 – Bücher für junge LeserInnen, Deutschlandfunk | 2019

2. Auflage 2020

Umschlagbild: Michael Roher
Grafische Gestaltung: Nele Steinborn, Wien
Schrift: Singel, Heading Pro
Druck und Bindung: FINIDR, Tschechien
ISBN 978-3-7022-3741-7
E-Mail: buchverlag@tyrolia.at
Internet: www.tyrolia-verlag.at

Gefördert durch das Land Niederösterreich

Elisabeth Steinkellner • Michael Roher

Vom Flaniern und Weltspaziern

Reime und Sprachspiele

Tyrolia-Verlag • Innsbruck-Wien

Für meinen Vater, der ein Spazierer war

Stadt

Straßen
Häuser
Autos
Ampeln
Cafés
Gehwege
Parkuhren
Geschäfte
Bars
Laternen
Kirchen
Fahrräder
Kinderwägen
Mopeds
Mülltonnen
Tiefgaragen
Zebrastreifen
Bankfilialen
Werbeplakate
Pflastersteine
Hundehaufen
Litfaßsäulen

Restaurants
Verkehrsschilder
Postkästen
Zeitungsständer
Rollläden
ein Fenster

Licht

dahinter: du

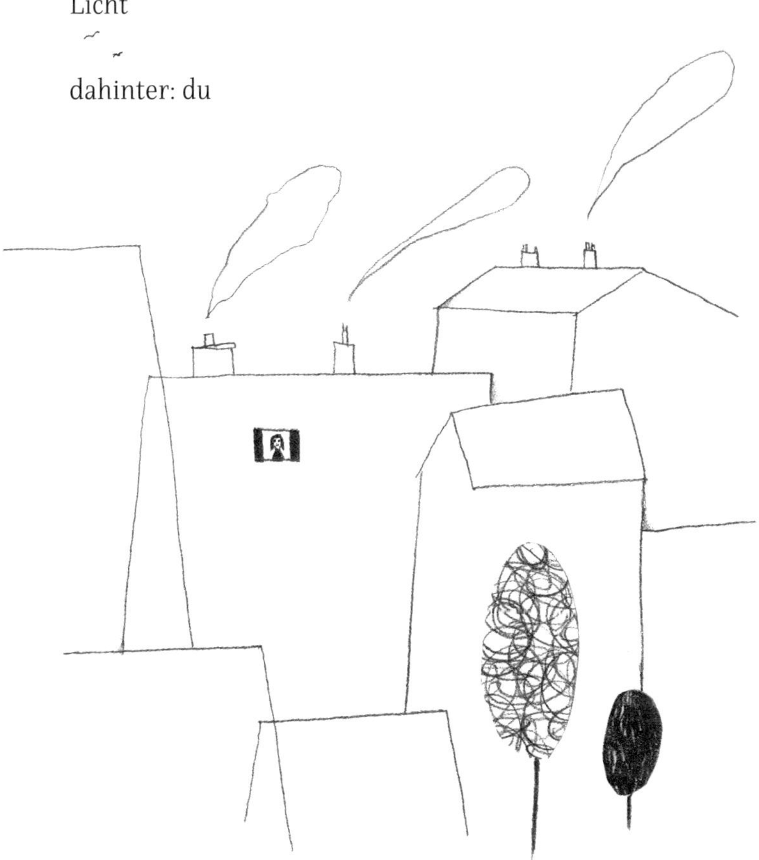

Im Vertrauen

Ich bin

die Urgroßcousine vom König Franz
und Weltmeisterin im Disco-Tanz,
Rekordhalterin im Treppenhauslaufen
und unbesiegbar am Schulhof beim Raufen.

Die Allerschnellste beim Pizzaessen,
die Größte der Klasse (erst letztens gemessen),
die, die im Schwimmbad die Leitern erklimmt
und vom höchsten Turm Pirouetten springt.

Ich war schon mal essen mit einem Star,
auf *seine* Einladung hin, ist doch klar!
Und nachts, um halb drei, verwandle ich mich
in einen Vampir, wild und fürchterlich.

Sei froh, dass ich dich nicht gleich auffresse.
Ach ja, und bevor ich es vergesse:
Außerdem bin ich, das verrat ich nur dir,
die Anna-Maria von Tür Nummer vier.

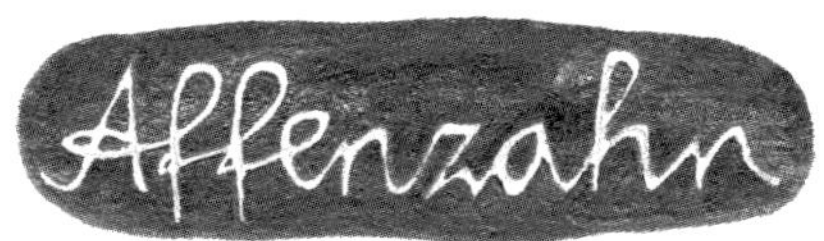

roll
roll
rollero
rollero di hollero
schwung — schwung — schwung — schwung
rollero di hollero
rallera fidirallalla
schwung — schwung — schwung — schwung
roll
roll
rollero
rollero di holl ...
b   r   e m s !!!!
q u i e t s c h
quatsch
Einkauf: Matsch

Ein großer grüner Autobus

Ein großer, grüner Autobus
fuhr über eine Haselnuss.
Die Haselnuss, die krachte,
dem Buschauffeur, dem machte
das überhaupt nichts aus.
Und du bist raus.

Erwischt

In der 10er-Straßenbahn
traf ich neulich einen Mann.
Er tippte mich von hinten an
und trat dann nah an mich heran:

„Gnäd'ges Fräulein, wissen S' was?
So ein Fahrschein is' ja ein teurer Spaß!
Ich selbst fahr seit Jahren nur ohne
und zahl keine einzige Krone."

Leicht reden hatte der –
er war der Kontrolleur!

Fleischtiger

Am Würstelstand von Rosmarie
gibt's Herrlichkeiten Ende nie:
Käsekrainer, Debreziner,
Bratwurst und natürlich Wiener.
Ich bestell mir eine Wurst
und noch ein Bier gegen den Durst.
(Okay, das Letzte war gelogen –
ich hab ein Fanta aufgesogen.)

Auf die Probe gestellt

Heute mach ich das mal so:
Ich klingle einfach irgendwo
und duck mich hinter einen Busch.
Dann wart ich, ob mit einem *Wusch*
die Tür aufschwingt, und welcher Mann
heraustritt und sich umsieht dann,
beziehungsweise welche Frau.
Ich bleibe hocken, ja, genau.

Nur wenn ganz zufällig ein Mädchen
da auftaucht, schick ich ein Gebetchen
zum Himmel: Mög ihr auch gerade
zu diesem Zeitpunkt sein so fade
wie mir! Dann könnte man vielleicht,
damit die Langeweile weicht,
zusammen einen Streich aushecken,
oder ält're Buben necken.
Dann spring ich hinter'm Busch hervor
und laufe schnell zu ihrem Tor.

So wird sich's zeigen ganz geschwind:
ob Gebete brauchbar sind.

H

Bushaltestelle
Beschmieren verboten!
Furz doch
Max!
Kaiser Fr. III
Udo

a-E-i-O-u * U-o-e-i-A

Bushaltestellenwartehäuschen-schmierereiverbotsversagen

Aaaaah, Nele zickt so rum!

Furz doch nicht immer, Mann

Anne ist voll hübsch

Ruf Tom dringend an: ~~075189435~~

Altes Stinkmoorhuhn!

Udo liebt Sarah ❤

Jaaaa, Kerstin rockt ur

Nur so: Ist wem grad fad?

Am Samstag: Erster Kinokuss!!

Und wo ist der Alk?

Na endlich: SCHOOL'S OUT

Bus kommt! Bis demnächst!

Zwei Straßenmusikanten
von meisterlicher Klasse
suchen ’ne Seitengasse
und pinkeln an Hydranten

Zahnarzt · Termin

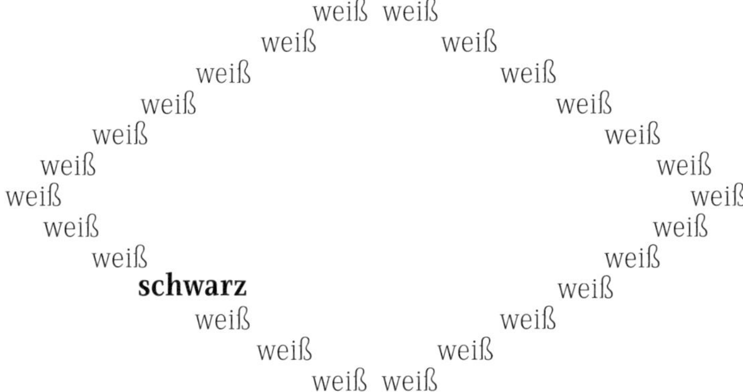

Einmal in der

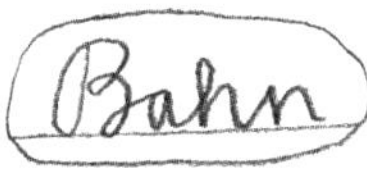

Einmal in der Bahn
kam ein weißer Schwan
und setzte sich zu mir
(er roch dezent nach Bier).
Er fragte: „Bitte sehr,
fährt dieser Zug ans Meer?“
Ich sagte: „Nein, nach Wien!“
„So fahr ich halt dort hin“,
meinte er schulterzuckend
und kleine Tröpfchen spuckend.

Manch einer wird’s nicht glauben
und ärgerlich jetzt schnauben:
Ein Schwan in einem Zug?
Das ist doch Lug und Trug!

Es stimmt aber, ich schwöre!
Der Schwan sprach: „Ich erfröre,
müsst ich in Winterszeiten
durchs kalte Wasser gleiten.

'Drum steck ich das Ersparte
in eine Jahreskarte
und fahr durch's ganze Land."
Er reichte mir die Hand.
„Kommen Sie gut nach Haus!
Ich trete jetzt mal aus."
Und ab Richtung WC.

Vor'm Fenster fiel der Schnee
so weich wie Daunenflaum.

Vielleicht war's *doch* ein Traum?

1 am hängt der Mond
zwischen den 2 gen des Nussbaums.
Was 3 bt der bloß
da oben am 4 mament, die ganze lange Nacht, so allein
und das schon seit 5 Milliarden Jahren?
Dem mu 6 trem fad sein!

Zweisam

Zwischen zwei Tonnen
sitzen zwei Nonnen,
um sich zu sonnen.

Hoch auf zwei Zinnen
turnen zwei Finnen –
ich glaube, die spinnen.

Unter zwei Tannen
warten zwei Mannen
mitsamt schweren Pfannen.

Gleich nach dem Rennen
liegen zwei Hennen
darnieder und pennen.

In einem Brunnen
hoffen zwei Hunnen
auf Hilfe der Gunnen.

Zeitung
Immer mehr Weltspazierer

(am Morgen)

kling-kling-klang
wrrrrrrrr-wrrrrrrrr
sss-schsch-sss-schsch
dring
darf's sonst noch was
pling plong
tok tok tok tok tok
mmmz mmmz
flap-flap
hahahaha
give me lots of candy, honey
dröööö-dröööö
piep
fffffffff
wir könnten doch am Nachmittag
wwwrrrrroummm
I want every bit of it or none at all
kling
wrrrrrrrrr-wrrrrrrrr
…

Gigantisches Omelett

Der Asphalt ist so heiß
man könnte Eier darauf braten

Sommergewitter

Ein Blick
in den grauen Himmel
Donnergrollen
Sehnsüchtig
öffnet meine Haut
ihre Poren
Bereit für die ersten
Regentropfen

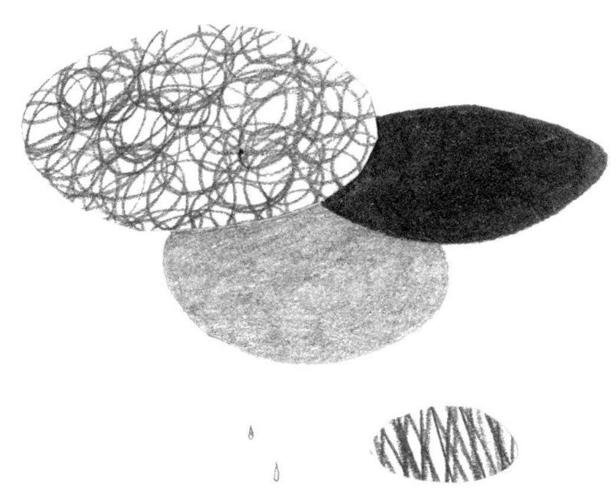

Hitzig

An einer schäbigen Hausmauer hockt
ein Mädchen in einem bunten Rock.
Als ich an ihr vorübergehe,
tut sie, als ob sie mich nicht sähe.

Ich bin schon beinahe vorbei an ihr,
da ruft sie: „Du bist wohl ein Nagetier!
Ein Biber! Die Zähne so lang und breit –
unübersehbar, die Ähnlichkeit!"

„Und *du* kommst ganz nach dem Vogelstrauß!
Zumindest die Glubschaugen sehen so aus",
schrei ich zurück und funkle sie an,
„und den Schnabel hast du vom Pelikan!"

Sie kommt auf die Beine und wird ganz rot
und faucht: „Okay, jetzt bist du tot.
Du rotzverklebter Nasenaffe,
du knotenhalsige Stinkgiraffe!"

Die Wut kocht und blubbert wie wild in mir,
ich trete zwei Schritte näher zu ihr.
„Du Kind der gemeinen Hundezecke,
du fürchterliche Schleimheuschrecke!"

„Du mistverschmierte Stubenfliege,
du hornverdrehte Ekelziege!"
„Du beutelloses Känguru,
du altersschwacher Kakadu!"

„Du Hai mit Plastik-Zahngebiss!"
„Du Kolibri mit Flügelriss!"
„Du Spinne mit nur einem Bein!"
„Du blinder Hund vom Tierschutzheim!"

Wir stier'n uns an mit bösem Blick,
die Luft ist dicker noch als dick.
Kein Laut zu hör'n – was passiert wohl gleich?
Da wird ihr Gesicht plötzlich seltsam weich:

„Woll'n wir vielleicht ins Schwimmbad gehen?
Mir schwitzen den ganzen Tag schon die Zehen."
„Gute Idee", ich strahle sie an,
„hättest du nicht gefragt, hätte ich es getan."

Notiz (auf dem Küchentisch)

Liebe Mama, lieber Papa,

macht euch bitte keine Sorgen,
denn ich komme übermorgen
oder in zwei Wochen –
ich besorg nur schnell mal Wasser
zum Spaghetti-Kochen!

Urlaubsreif

Ein Rauschen
schiebt sich durch die Luft,
zieht Wolken hinterher.

Im Flugzeug
sitzen Herbst und Winter,
auf dem Weg ans Meer.

Ganz einfach

Fenster geöffnet
Blau entdeckt
Fisch gerochen
Salz geschmeckt

schon war die Liebe
zum Meer geweckt

Die frisch gepflückte Zucchini
trägt einen schicken Bikini.

Die ökologische Zitrone
geht oben und unten ohne.

Ganz keusch die Aubergine:
Sie geht zum Umziehen in die Kabine.

Der supersportliche Lauch zwang
frühmorgens sich schon zum Tauchgang.

Die weit gereisten Morcheln
geh'n nachmittags zum Schnorcheln.

Zwei ältere, rundliche Pflaumen
verwöhnen am Imbiss die Gaumen.

Die schusselige Marille
sucht ihre Sonnenbrille.

Da sagt ihr Freund, der Rettich:
Du hast sie am Kopf, da wett ich!

Die überschwängliche Beere
ruft: Herrlich, die Tage am Meere!

Sightseeing

Ich mag nicht mehr gehen,
ich mag nichts mehr sehen,
ich will nicht mehr laufen
und will nicht mehr schnaufen!

Ich hasse Museen
(erst recht Schlangesteh'n!),
Gemälde, Paläste,
historische Reste,
und Kirchen, barocke,
samt Orgel und Glocke.
Mir ist dieses öde
Zeugs echt zu blöde!

Ich brauch eine Pause
und auch eine Jause,
ich sag's nicht, ich schrei's:
Her mit dem Eis!

jetzt einfach nicht nachdenken und eins, zwei, drei ...
allen Mut zusammennehmen
am mulmigsten
mulmiger
mulmig juhuu
mulmig
mulmig
mulmig
mulmig
mulmig uuu
mulmig
mulmig
mulmig
mulmig uu
mulmig
mulmig
mulmig
mulmig u
mulmig
mulmig
mulmig
mulmig
mulmig
mulmig p l a t s c h ! ! !

FKK

Achtzehn nackte Damen
lagen am Strand und nahmen
ein ausgiebiges Sonnenbad.
Ich fand das ziemlich fad,
also schlich ich mich weg
zu einem Versteck
in einer Felsenwand,
setzte mich dort ganz nah an den Rand
und schaute hinaus aufs Meer –
ein Glitzern, von überallher.
Ich dachte an Wale und Oktopüsse,
Piratenschätze, Matrosenküsse,
Kajütenfeste und Mitternachtstänze,
betrunkene Köche und Tigerhai-Schwänze,
an Feuerkorallen und Seejungfrauen,
bis plötzlich – ich konnt' meinen Augen kaum trauen …

… achtzehn nackte Damen
herangeschwommen kamen.
Sie winkten mir fröhlich zu.
Verflixt, hat man denn nirgends Ruh'?

Erwachsene, ts ts ts …

An lauen Abenden
spazieren sie
flanieren sie
tänzeln sie und
schwänzeln sie
schnattern sie
ergattern sie
ein Plätzchen
samt Schätzchen
unter Lauben
mit Trauben
an Tischen
mit frischen
Servietten
und netten
Kellnern.

Denen
winken sie
dann trinken sie
zehn Gläser Wein
im Kerzenlichtschein
und kichern und lachen
über seltsame Sachen

und werden wie Hühner
nur wilder und kühner
vielleicht lärmen sie
vielleicht schwärmen sie
vielleicht küssen sie
aber sicherlich müssen sie
schließlich dann
irgendwann
doch endlich los.

Zahlen bitte!
Dann gehen sie
und sehen sie
ein bisschen verschwommen
und stecken benommen
Hände in Taschen
mit Zipp oder Laschen
sie suchen
und fluchen
fummeln
und grummeln
und finden dann doch
Schlüssel samt Loch
und fallen erschöpft in ihre Kissen –
ohne noch Zähneputzen zu müssen.

Miss Mississippi

Kim tritt im Bikini ins Licht.
– *Klick, klick!* –
Kim knickst.
– *Klick, klick!* –
Kim winkt.
– *Klick, klick!* –

Ingrid: Kim ist wirklich sinnlich!
Lilli: Kim ist richtig schick!
Siri: Ihr spinnt! Kim wirkt irrsinnig zickig!

Strandbad

Anna schwamm.
Jan kam, Schal an.
Anna: Waaas? Schal? Warst krank?
Jan: Ja, lang. War fad.
Anna: Hach.
Jan: Machst Rast?
Anna: Klar.
Anna schwamm an Land.
Anna war nass.
Jan war da.
Warmer Sand.
Jans Hand nah an Annas Arm.
Jan: Anna?
Anna: Jaaa?
Jan: Magst ...
Anna: Was?
Jan: ... ähm ... Pasta?
(Anna lacht.)

In Dimitrios Taverne
sitzt Oma seit Kurzem sehr gerne.
Das liegt nicht am Wein und nicht am Tsatsiki,
sondern am Küchengehilfen Niki.

κουζίνα

κρασί

Der Plusterfisch schwamm durch das Meer,
mit einer Fischfrau nebenher.
Es schwoll ihm stolz die Schuppenbrust
als er erzählte, voller Lust:

„Der tapferste Kerl weit und breit
bin *ich*, und obendrein gescheit!
Ich entkam schon Haien und Kraken
und sprang den Fischern oft vom Haken,
durchschwamm dreimal das ganze Meer,
gerade, rund und kreuz und quer.
Und einst in einer kleinen Bucht
schlug ich ein Walross in die Flucht.
Ich bin zwar nur ein kleines Tier,
doch jeder hat Respekt vor mir!“

Die Fischfrau an des Fisches Seite
machte kehrt, suchte das Weite,
so schnell sie ihre Flosse trug.
„Angeber kenn ich schon genug!“

Urlaub in ÖSTERREICH

Senioren-Reisen
Altendorf, Flachberg, Glatzental, Haxenöd, Pausendorf, Rastenfeld, Schöneben, Sitzendorf

Reisen mit hohem Fun-Faktor
Albern, Fasching, Grins, Heiterwang, Kitzelsbach, Lachstatt, Osterwitz, Schalkendorf, Schelmberg, Scherzboden, Witzling

Kulinarische Genussreisen
Am Teller, Apfelberg, Eiersdorf, Fleischessen, Gabel, Gurk, Karrotte, Kasberg, Kochlöffling, Krenwald, Linsendorf, Löffelbach, Pfannenstiel, Pfefferberg, Reisstraße, Rüben, Schinken, Schmalzgruben, Semmelhof, Wampersdorf

Für Liebhaber edler Tropfen
Alkersdorf, Bierberg, Bräuhof, Glaswein, Krügling, Mostbach, Rausch, Rum, Wankham

Tierisch gut
Ameishaufen, Eichhorntal, Flohleiten, Großmotten, Hühnergeschrei, Hummelbach, Hundsdorf, Käferheim, Katzelsdorf, Kühweid, Ochsengarten, Rabenstreit, Schafwiesen, Voglsang, Wanzenöd

Reisen für Abenteuerlustige
Bösenort, Brandgegend, Dobermannsdorf, Fallholz, Löwengrub, Pechgraben, Schadendorf, Schlag, Schreckendorf, Teufelsgraben, Wildental

Für Ruhesuchende
Einsiedl, Fadleiten, Oedgegend, Ruhsam, Schweigthal, Still, Stumm, Wisperndorf, Zendorf

Nimm dir Zeit für deinen Körper!
Augental, Busendorf, Ellbögen, Hirnsdorf, Kehlhof, Knieberg, Kopfing, Langhalsen, Leber, Lippendorf, Lungendorf, Ohrenschall, Schulterzucker, Zehensdorf

Genieß den Moment!
Eden, Faulwinkel, Freileben, Freudenthal, Habetswohl, Hanfthal, Hipping, Liebenthal, Süßenbach, Singenreith, Sommersgut, Sonnseite, Spieldorf, Tanzenberg, Tausendblum

Exklusiv für Männer
Bubenland, Gattendorf, Gutenmann, Hausmannstätten, Jungherrntal, Putzmannsdorf, Schönherrn, Vatersam

Literarische Reisen
Bucheck, Lesachtal,
Schönbuch,
St. Roman,
Wörtherberg

Für Adelige
Edelprinz, Fürstenfeld, Grafenbach, Herzogenburg, Kaisersdorf, Königgraben, Prinzendorf

Für Unentschlossene
Altneudörfl, Äußere Einöde, Edelschrott, Großklein, Oberuntersberg, Sonnrain, Stadtbergen

Lustvoll reisen
Fucking, Lustenau, Mösendorf, Poppen, Rammelhof, Triebental, Unter St. Georg, Venusberg

Für Individualisten
Maßweg

Frechheit

Einst trafen
an einem Hafen
zwei Matrosen
in Unterhosen
auf einen Hund
klein und rund.
Der bellte
dann stellte
er ihnen ein Bein.
Ganz schön gemein.

Segelpech

Helene geht segeln.
Es regnet.
Helene: He! Besseres Wetter her!
Es regnet mehr.
Helene: Geh weg, Regen!
Jetzt weht es.
Weht sehr, weht mehr.
Der See bebt.
Helene wendet.
Der Hebel klemmt.
Helene zerrt. Werkt.
Vergebens.
Helenes Segel: verheddert.
Helenes Hemd: zerfetzt.
Helenes Ferse klemmt fest.
Helene, entsetzt: Welch Elend!
Helene flennt. Fleht: Retter! Retter!
Helene kentert.
Denkt: Ende. Sense.

(Szenenwechsel)

Jens pennt neben dem Fernseher.
Jens' Neffen essen Kekse, reden, sehen fern.
Retter, Retter!, gellt es.
Jens' Neffen erschrecken: Herrje, wer ...
Jens' Neffen entdecken Helene.
Jens' Neffen wecken Jens: Jens! Jens!! Jeeeens!!!
Jens: He ...
Neffen, erregt: Jetzt geh!
Jens erkennt den Ernst.
Er rennt.
Schnell – schneller – schnellstens!
Jens hechtet.
Prescht gegen Wellen.
Stets Helene entgegen.
Letzten Endes entwendet er Helene dem bebenden See.

Jens bettet Helene neben den Lesesessel, legt Decken her.
Helene: Engel, gesegneter!
Jens, verlegen: Nee ... keen Engel. Jens!
Helene: Edler Held! Lebensretter!
Jens: Gern geschehen.
Jens' Neffen geben Helene Tee.
Jens schenkt Helene den letzten Rest Kekse.
Helene: Sehr lecker!

Ende.

Beim Schmökern in den Atlanten

da will ich hin
da will ich hin
da will ich hin
da will ich hin
da will ich hin
da will ich hin
da will ich hin
da will ich hin
da will ich hin
da will ich hin
da will ich hin
da will ich hin
da will ich hin
da will ich hin
da will ich hin
da will ich hin
da will ich hin
da will ich hin
da will ich *unbedingt* hin

Reisegepäck

Unterhose
Naschzeug-Dose
Sonnenbrille
Heimwehpille
Brot und Butter
Kuss von Mutter
warme Socken
Frühstücksflocken
Thermoskanne
kleine Pfanne
Zahnputzsachen
Grund zum Lachen
Taschentücher
Lieblingsbücher
Regenplane
und Banane

UmbruchsLUST

Mut tut gut!,
ruft Ruth
und – schwups –
zum Zug
und Kuss
und tschüss.

Oh, du Paris

Oh, du Paris!
Wie fies
sind die, die meinen,
du seist ein Reinfall gewesen!
„Immerzu blies
der Wind in Paris!“,
sagen die einen
und die anderen gar:
„Das Essen war mies,
nein, nie mehr Paris!“
Wir beide wissen:
Das ist nicht wahr.
Oh, du Paris!
Ich fließ
mit der Seine
immerzu dir entgegen.
Mag sein, du bist
gar kein Paradies –
deinem Charme
bin ich dennoch
erlegen.

Liebesbeweis

Ein bärtiger Franzose
schickte Fräulein Aprikose
eine frisch gepflückte rote Rose.
Doch – nanu?
Die Blätter der Rose
kamen alle lose!
Fräulein Aprikose
sammelte sie
in einer kostbaren Dose.

Am anderen Ende der Welt

Wie diese Welt wohl ausschauen mag,
vom anderen End' aus beseh'n?
Ist tags dort Nacht und nachts dort Tag,
muss man kopfüber geh'n?
Funkeln die Sterne ebenso hell
und liebt man genauso sehr?
Laufen die Uhren auch so schnell,
sehnt man den Sommer her?
Wünscht man sich Ruhe, wenn der Kopf zu sehr raucht,
und Eltern, die wortlos versteh'n,
wann man zwei wärmende Arme braucht
und wann abends Ausgang bis zehn?
Braucht man dort auch ein Dach über'm Kopf,
Freunde, ein Buch, Medizin,
zum Tanzen Musik, zum Kochen 'nen Topf
und Freiheit zum Wachsen und Blüh'n?

Stell dir vor,
jemand hielte unsere Erde in der Hand
und schüttelte sie einmal kurz durch.
Nicht sehr wild, nur ganz sacht,
gerade so, dass alles ein bisschen
in Bewegung geriete –
Rot und Gelb, Schwarz und Weiß,
Blau und Grün durchmischten sich
wie kleine Kügelchen,
die durcheinanderspringen.
Vielleicht wäre sie eine gerechtere,
wer weiß,
mit Sicherheit aber eine buntere,
diese Welt.

In Kathmandu flog eine Kuh

In Tokio
biss mich ein Floh
in meinen käseweißen Po.

In Singapur
sah ich 'ne Schnur –
nur war's dann eine Schlangenspur.

In Tel Aviv
schrieb ich 'nen Brief,
das war beinah' meditativ.

In Kathmandu
flog eine Kuh,
ich sah's und dachte mir: Nanu?

In Istanbul
fiel ein Mogul
kopfüber in den Swimmingpool.

In Budapest
hat sehr gestresst
mir einer einen Saft gepresst.

In Brazzaville
war's im April
erstaunlich kühl und ziemlich still.

In Teheran
flog Schnee heran,
der dann auf meinem Zeh zerrann.

In Amsterdam
trug ich ein Lamm
weit weg – damit's dem Topf entkam.

In Caracas
verlor ich was
und fand dafür 'ne Ananas.

Wetter prognosen

Kommt dir ein alter Dampfer entgegen,
stell dich gleich ein auf heftigen Regen.

Liegst du gemütlich auf waldigem Moos,
wird es sehr heiter und wolkenlos.

Findest du heute 'nen goldenen Säbel,
hat's tags darauf mit Sicherheit Nebel.

Triffst du im Dschungel ein Krokodül,
wird es voraussichtlich ziemlich schwül.

Machst du zu viele schlechte Witze,
kriegt es alsbald fast tropische Hitze.

Stimmt etwas nicht mit deiner Durchblutung,
erwarten dich Stürme und Überflutung.

Verlierst du ein Haar beim Schwimmen im See,
bestrafen dich Eiseskälte und Schnee.

Kaufst du zu selten in Bioläden,
rechne mit Hagel und Ernteschäden.

Behandelst du deine Mutter nicht netter,
gibt's bald ein echtes Donnerwetter.

Umwege

Wie kommt der Hase in die Loge?

Hase
Hose
Rose
Robe
Rabe
Gabe
Gage
Lage
Loge

Wie kommt die Ziege schnell auf die Wiese?

Ziege
Wiege
Wiese

Und wenn sie trödelt?

Ziege
Ziele
Diele
Diebe
Hiebe
Liebe
Liege
Siege
Wiege
Wiese

Elefant mit SIEBEN Rüsseln mampfte Chips
aus sieben SCHÜSSELN
ACHTUNG morgen gibt es Stau
(NUR WO, das weiß man NICHT genau ...)
Restaurant IN KarlSRUHE
BEDIENT nur Leute ohne Schuhe
Dieses Jahr ist topmodern :
Damenkleider FÜR den Herrn
Ausgebrochner LEOPARD
hat sich MIT HausKATZE
gepaart

Schlagzeilen

(Hört! Hört! Das Neueste aus aller Welt!)

Elefant mit sieben Rüsseln
mampfte Chips aus sieben Schüsseln

Achtung, morgen gibt es Stau
(nur wo, das weiß man nicht genau ...)

Restaurant in Karlsruhe
bedient nur Leute ohne Schuhe

Dieses Jahr ist topmodern:
Damenkleider für den Herrn

Ausgebroch'ner Leopard
hat sich mit Hauskatze gepaart

Ein Eseltreiber aus KRETA

Ein Eseltreiber aus Kreta
war immer ein wenig zu spät da.
Der Esel, der bockte
tagtäglich und stockte
und ging in der Stund' nur drei Meter.

Ein Sänftenträger aus Ghana,
im Dienste von Königin Rana,
bekam niemals Fisch
zu seh'n auf dem Tisch,
denn er war überzeugter Veganer.

Ein Flugzeugpilot aus Shanghai
ging einst zum Kostümverleih.
Der Bestand war sehr groß,
seine Wahl kurios:
ab jetzt fliegt er als Papagei.

Ein Gondolier' aus Venedig
war glücklich mit seiner Hedwig.
Doch dann kam der Bilim
und Hedwig verfiel ihm –
und jetzt ist der gute Mann ledig.

Ein Fiaker aus Wien-Breitensee
trank nicht K**a**ffee, sondern Kaff**ee,**
aß Nockerl und Knödel,
sagte Wappler statt Dödel
und: Drah di!, statt: Bitte, geh!

Ein Lokführer aus San Marino
ging sonntags sehr gern ins Casino.
Er verspielte sein Geld,
wie sich's oft so verhält –
besser wär, er ging sonntags ins Kino!

Ein Fahrradbote aus Nizza
war ein außergewöhnlicher Flitzer.
Er fuhr nach Den Haag
in nur einem Tag
und lieferte dort eine Pizza.

Es gibt ein Land, irgendwo auf der Welt,
wo jeder, der was auf sich hält,
sein Bett mit einem Tiger teilt,
wo man Fieberblasen mit Küssen heilt,
den ganzen Tag Schokolade isst
und die Zeit statt mit Uhren mit Waagen misst,
wo man Schuhe meist verkehrt herum trägt
und grundsätzlich rückwärts zu gehen pflegt,
wo alle von Geburt an lesen können
und ebenso sprechen und gehen und rennen,
wo reich wird, wer am lautesten lacht
und wer die besten Witze macht.
All das weiß ich aus einem Fernsehbericht.
Nur wo das Land liegt, das weiß ich nicht.

Aß Artischocken in Argentinien
bediente Beduinen in Bahrain
chauffierte Cellisten durch Chile
dolmetschte Dromedare in Dschibuti
erntete Erbsen in Estland
föhnte Fahrradmechaniker in Frankreich
grüßte Gazellen in Ghana
halbierte Haselnüsse auf Hawaii
interviewte Imker in Italien
jonglierte Juwelen in Japan
kurierte Könige in Kamerun
klaute Kokosnüsse auf Kuba
lutschte Lollis in Lettland
massierte Mittelstürmer in Mexiko
neckte Nashörner in Namibia
ordnete Orientteppiche im Oman
parfümierte Piraten in Panama

quetschte Quietschenten in Qatar
rasierte Räuberhauptfrauen in Rumänien
sang Schnulzen in Schweden
tätowierte Trucker in Tschechien
unterhielt Urgroßtanten in Usbekistan
verkaufte Vampirgebisse in Vietnam
wog Walrosse in Weißrussland
x-portierte Xylophone in x-beliebige Länder
youtubte Yogavideos im Yemen
zählte Zebrastreifen in Zimbabwe.

Hab nun Heimweh.
Komme bald.

Beruf-ung

Es fragte mich die Omama:
„Was willst du denn mal werden?"
Ich lächelte sie an und sprach:
„Der Glücklichste auf Erden!"

„Was hältst du denn", schlug sie mir vor,
„von einer Bäckerlehre?"
Ob so ein echter Brotberuf
nicht etwas für mich wäre?

Der Papa wollte neulich wissen:
„Mein Lieber, hast du schon Ideen?
Für deine Zukunft, meine ich."
„Jetzt werd ich erst mal zehn!"

„Man kann jedoch nicht früh genug
den richt'gen Weg beschreiten.
Wie wäre es", so fuhr er fort,
„mit Arzt für Hautkrankheiten?"

Heut Morgen sagte ich zu Jan:
„Ich werde mal Flanierer."
„Oh, ja", rief der begeistert aus,
„und ich werd Weltspazierer!"

Bitte nicht stören

Nicht die Ameise von der Zehe schnippen
nicht das Gesicht aus der Sonne drehen
nicht das Kitzeln in der Nase wegkratzen
nicht die Haare aus der Stirn streichen
nicht die Biene verscheuchen
nicht die Augen öffnen

Nicht stören lassen
beim Träumen

Sonderwunsch

Wohin soll's denn geh'n, meine Damen?

Egal, nur möglichst weit fort!

Ich bräuchte halt schon einen Namen
von Stadt oder Land oder Ort …

Dann sagen wir doch *Kawilawi*!

Das hab ich noch gar nie gehört
und find es auch nicht hier im Navi –
vielleicht ist das Ding g'rad gestört?

Versuchen Sie's mal mit *Xixanders*.

Und wie genau schreibt man das?

So, wie man's spricht, und nicht anders.

Ich glaub fast, Sie machen nur Spaß!

Mein lieber Herr Taxler, wie können
Sie glauben, wir lügten Sie an?
Wir woll'n einen Ausflug uns gönnen,
der mal so richtig was kann!
Und in *Piffipoff* und *Salatlaus*,
da ist es unglaublich famos,
der Weg dorthin führt einfach g'radaus –
nun fahr'n Sie doch endlich mal los!

Na gut, wenn die Damen das sagen,
dann flitzen wir jetzt wie der Wind!
Nur, dass Sie mir bitte nicht klagen,
wenn wir doch woanders dann sind ...

Uns ist's ganz egal, wo wir landen!
Nur bitte nicht in einem Stau.
Haben Sie's *noch* nicht verstanden?
Wir machen heut' ganz einfach blau!

Nur so

Da hockst du.
Mitten auf diesem großen Platz.
Blick zu Boden
und den Kopf zwischen den Knien,
unbeweglich und konzentriert.

Beobachtest du eine Ameise?
Einen Käfer?
Hast du einen besonderen Kieselstein entdeckt?
Denkst du über etwas nach?
Machst du Rast?
Suchst du nach etwas Verlorenem?
Lässt du dir die Sonne auf die Schultern scheinen?

Oder hockst du nur so,
ohne besonderen Grund,
einfach, um da zu sein,
hier und jetzt,
mitten auf diesem
großen Platz?

Tautropfen mit der Fingerspitze aufgefangen
einer Katze durchs sonnenwarme Fell gekrault
einen Euro auf der staubigen Straße gefunden
und eine Stunde lang phantasiert
was man damit alles anstellen könnte
einem Eichhörnchen nachgesprungen
und von Baum zu Baum geflogen
(zumindest mit den Augen)
Baumharz am Pulloverärmel mitgetragen
(als Duftvorrat für später)
im Gras gelegen und Wolkenkino gespielt
zwischendurch mal kurz weggedöst
für eine oder hundert Minuten
einer Libelle nachgesehen
aufgestanden und Fuß vor Fuß gesetzt
dem Knirschen von Kies unter den Sohlen zugehört
an einer verlassenen Bushaltestelle Fahrpläne studiert
(von 1998)
gewartet und gewartet

Beine baumelnd und Hände unter die Schenkel geklemmt
irgendwann das Warten aufgegeben
und weitergegangen
bis zu den Gleisen und dann immer an ihnen entlang
schließlich irgendwo in einen Zug gestiegen
den Kopf beim Fenster rausgestreckt
und den Fahrtwind die Haare zerzausen gelassen
über den staubigen Karo-Plüsch der Sitze gestrichen
und mit dem Zeigefinger Muster gezogen
später irgendwo ausgestiegen
scheinbar im Nichts
nach rechts und nach links geschaut
spontan eine Richtung gewählt
und losgegangen

direkt auf das nächste Abenteuer zu

Warum?

Warum ist das Warten so schwer?
Auf das Papier, das du gefaltet hast
auf den Geruch der Tinte
auf dein Flüstern zwischen den Zeilen
auf die Marke, die du ausgesucht hast
auf den Briefträger, der nicht einmal ahnt
welchen Schatz er da befördert

Warum ist das Warten so schwer –
und gleichzeitig so schön?

Die Straße endet
die Wiese beginnt
und das Licht ist so plötzlich weg
wie es morgens gekommen war
Pling verliert der Mond
einen Löwenzahn
einen von den milchig weißen
er fällt mir direkt in den Schoß
Von fern ein Schweinwerferleuchten
streift kurz durchs Gras
bevor es sich wieder im Dunkel verliert
Der Tag hat Sperrstunde
ich lausche angestrengt
und – ja! – da ist Musik
sie kommt direkt
aus meinem Ohr

Traumwandler

Lauf einfach diesen Weg entlang
bis du zur Kreuzung kommst. Dann fang
dir einen tief fliegenden Wal
und halt dich fest an seinem Schal,
er bringt dich schnellstens nach Peru.
Dort springe ab und dann schau zu,
dass du die Schneckenkutsch' um vier
erwischst – der Kutscher, der gibt dir
dann einen Zettel klitzeklein,
d'rauf steht: *Kriech in das Rohr hinein,*
das unter deinem Sitz beginnt!
Dann kriech und kriech, möglichst geschwind,
bis du am Ende kommst heraus
und plötzlich stehst in einem Haus,
das ganz aus Schokolade is'.
Da darfst du naschen, doch vergiss
nicht, mir ein Stückchen mitzubringen!
Und hörst du dann jemanden singen,
schau nach, woher die Stimme weht –
mag sein, vor diesem Hause steht
ein grün gepunktetes Kamel
und gibt dir trällernd den Befehl:
„Zieh jetzt hier diesen Mantel an,
er macht dich unsichtbar und dann
bringt er dich ruckzuck nach Hawaii."

So schlüpf hinein und zähl bis drei ...
und schon liegst du im feinen Sand
an einem einsam weißen Strand
und über dir nur Sternenlicht.
Schau hoch hinauf und blinzle nicht,
denn sonst verpasst du die Sternschnuppe,
sie segelt nachts wie 'ne Schaluppe
durch's schwarze Himmelwassermeer.
Und siehst du sie, so wünsch dir sehr,
dass du nur ein, zwei Grämmchen wiegst
und mit dem Wind nach Hause fliegst.
Erwachst du dann in deinem Bett,
kommt schon der Morgen, violett,
und so beginnt die Tagesreise.
Und horch: Die Nacht, sie gähnt ganz leise ...

Morgenrot

Aus dem Schneckenhaus
kriecht der Tag heraus.
Reibt den Sand aus den Augen
für bessere Sicht,
blinzelt benommen
ins Sonnenlicht.
Streckt die Arme nach oben,
schiebt den Bauch weit nach vor
und schüttelt den letzten Rest
Schlaf aus dem Ohr.

Ein Wimpernschlag, ein Leben

Auf einem **alten** Fahrrad
fuhr eine **junge** Frau –
Gras zwischen den **Zehen**
und einen **Stroh**hut auf dem **Kopf.**
Die **Sonne** stand **hoch** und
spiegelte sich in den **tiefen Regen**pfützen,
Überbleibsel vom Gewitter in der **Nacht.**
„Du schöner **Tag, du“,**
flüsterte die Frau, **„ich**
möcht's **hinaus schrei'n** in **alle** Welt,
damit **keiner** heute **drinnen** bleibt."
Dabei kicherte sie wie ein **Kolibri,**
wenn der **Albatros** einen Witz erzählt.

träumen schauen horchen phantasieren faulenzen
nichts tun nur da sein nichts tun
sein nichts tun nur da sein
nichts tun nur da sein
sein nichts tun
nichts tun

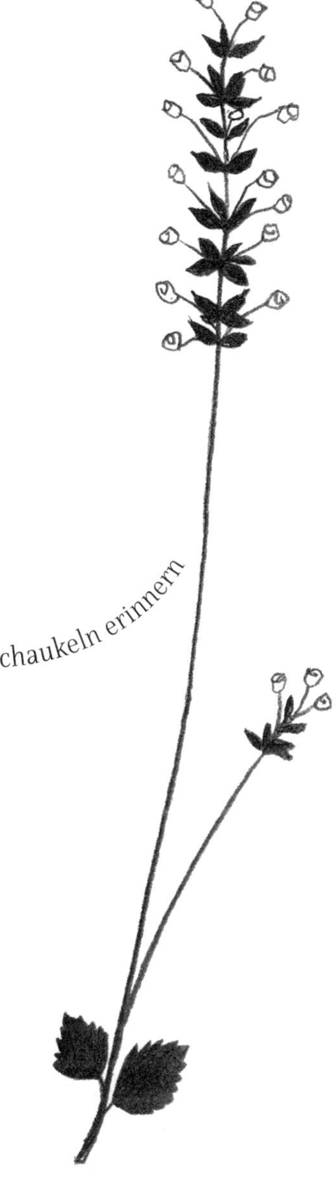

nachdenken sinnieren dösen schaukeln erinnern
nur da sein nichts tun nur da
nichts tun nur da sein
nichts tun nur da
nur da sein
nur sein

An manchen Tagen
wenn die Welt auf Durchzug steht
lüftet sich der Kopf
ganz nebenbei
vom Ernst des Lebens frei

Glaubensbekenntnis

Wir glauben
an das Jahr der Kirsche
Flugsaurier im Hinterhof
und Herrn Holundersaft

Wir glauben
an die sieben Leben unserer Katze
Traumkrümel unter dem Kopfpolster
und Madam Spaghettisauce

Wir glauben
an die wundersame Palatschinkenvermehrung
die Heilkraft von Lachkrämpfen
und ein Leben nach dem Zeugnistag

Guter Draht

Von der Telefonzelle im *Paradiesgartl*
kann man direkt in den Himmel telefonieren:

Grüß Gott, lieber Gott, alles okay da oben?
…
Ja, bei mir auch, aber eine Bitte hätte ich:
Könntest du dafür sorgen,
dass das Hörgerät von der Frau Schimanovsky
nicht ständig spinnt?
Sonst hört sie nämlich ihre komische Opernmusik
immer in voller Lautstärke
und ich krieg Ohrensausen von dem hohen Gekieks.
…
Ach so, mit Hörgeräten kennst du dich nicht wirklich aus
…
weil du technisch nicht so begabt bist
und in der Schule in Physik fast durchgefallen wärst
…

aha, und auch sonst hattest du es nicht so mit dem Lernen,
nur in Reli warst du immer Klassenbester.
…
Na ja, auch nicht schlimm,
dann frag ich einfach unseren Nachbarn,
ich glaub, der kann eh fast alles reparieren.
…
Jaja, schöne Grüße an Mama und Papa, richt ich ihnen aus.
Also dann, tschüss, lieber Gott,
bis zum nächsten Mal!

Ottos Bock kocht
Otto: Bock? Kochst?
Ottos Bock: Yo! Hot Dog
Otto: Soso

Otto holt Brot
Otto holt Coke
Otto horcht
Otto hört: sssrong-plong-tong
Otto: Bock? Bock?

Otto kommt
Topf: sssrong-plong-tong
Kochlöff'l: tok-tok-todok-todok
Ottos Bock johlt: Rock 'n' Roll, Bro!
Otto: Ogottogott

Stinkbombe

Hexe Maxima
mixt explosive
Exkremente

Ein-Mann-Orchester

Der Graf von Alberschwendt
war ein Naturtalent:
Er pfiff und blies den Marsch
aus seinem werten Arsch.

Flirr & flutsch

Es flirrt falauscht und flutscht so floh
und gnazt garinzignuh.
Oh hibbeldu, oh schribbelmuh
es wrummt so haffaloh!

Na nigez niggelschramm
nu nagez riggeldamm –

am fendresankt
eglinkt milankt
sa sole tannefruh!

Lass uns …

auf Gehsteigkanten balancieren
und Frühlingsfrischluft inhalieren
die Zeh'n mit Löwenzahn verzieren
die Schuhe irgendwo verlieren
mit Lach- und Krachbällen jonglieren
und Kicher-Mus auf Brote schmieren
zur Schule Hand in Hand spazieren
und unterwegs die Angst verlieren
den Schaukelhochsprung ausprobieren
den Weitspuck-Trick perfektionieren
dem Hund das linke Ohr massieren
und Sommersprossen flink addieren
mit Erdbeerduft uns parfümieren
durch Wald und Wiesen galoppieren
verrückte Lieder komponieren
auf einem Grashalm musizieren
geheime Botschaften notieren
gegen den Nasch-Stopp rebellieren
dann Gummibär'n-Schnitzel panieren
und uns're Nachbarin servieren
Glühwürmchen bei uns einquartieren
und Streunerkatzen adoptieren

die halbe Nacht lang diskutieren
und so die Schlafenszeit halbieren
die Zehennägel bunt lackieren
uns Feuerdrachen tätowieren
das Spukgespenst fotografieren
und Hexentänze einstudieren
wild hopsen gegen zu viel Frieren
das Huhn als Batman kostümieren
die Sonnentage zelebrieren
den Glücksmoment multiplizieren

Epilog

Einem Rhythmus folgen
deinem

jeder Schritt
ein Tanzschritt
ein Hopserschritt
ein Entwicklungsschritt

Und die Melodie –
sitzt sie dir im Bein?
Sitzt sie dir im Bauch?
Oder schickt sie gar der Wind?

Einem Rhythmus folgen
deinem

jeder Schritt
ein Laufschritt
ein Wiegeschritt
ein Wachstumsschritt

manchmal auf Umwegen
manchmal auf Abwegen
aber immer Hand in Hand
mit dem Leben

Inhaltsverzeichnis:

Die Autorin

Elisabeth Steinkellner, geboren 1981, spaziert gerne über Wiesen mit bunten Wildblumen, durch Städte mit schönen alten Häusern, in Kaffeehäuser hinein (und möglichst lange nicht mehr hinaus), am Meer entlang und von Buchseite zu Buchseite. Am liebsten geht sie ohne Ziel und mit leichtem Gepäck, manchmal lieber alleine, meistens aber lieber in Gesellschaft. Genauso interessant wie das, was man beim Flanieren so alles sieht, findet sie das, was man hört und riecht. Da sie kein Auto hat, sitzt sie oft in Zügen und Bussen und nutzt dabei die Zeit zum Tagträumen – zum Beispiel von einer friedlichen Welt, in der jede*r dahin spazieren kann, wohin sie*er gerne möchte.

Der Illustrator

Michael Roher wurde 1980 in Niederösterreich geboren. Schon als Kind hat er sehr gerne gezeichnet und sich Geschichten ausgedacht. Heute arbeitet er als Illustrator und Autor (hauptsächlich von Kinderbüchern), unterrichtet Zirkuskünste in einem Kinder- und Jugendzirkus in Wien, spaziert gern durch den Wald, flaniert gern durch Gassen und Städtchen, mag schnurrende Katzen, Lagerfeuer, Sommerregen, Kaffeehäuser, Musik, Kino, Spiele und Geschichten. Er lebt mit seiner Frau und seinen beiden Kindern in der kleinen Stadt Baden bei Wien in einer Wohnung unterm Dach und hofft, dass er in seinem Leben noch viele schöne Fleckchen dieser Erde entdecken darf.